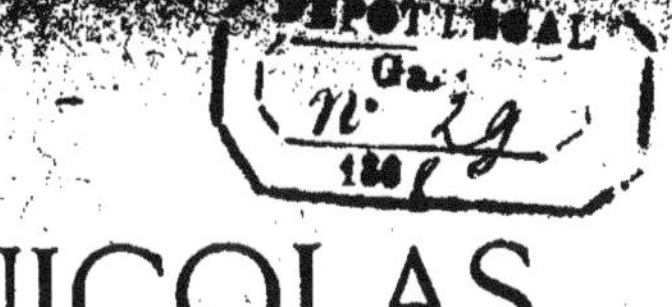

MICHEL NICOLAS

PROFESSEUR DE LA FACULTÉ DE THÉOLOGIE
DE MONTAUBAN

SA VIE -- SES ŒUVRES

PAR

EDOUARD RABAUD

Pasteur.

PARIS
FISCHBACHER, LIBRAIRE ÉDITEUR
SOCIÉTÉ ANONYME
33, rue de Seine, 33.
1888

MICHEL NICOLAS

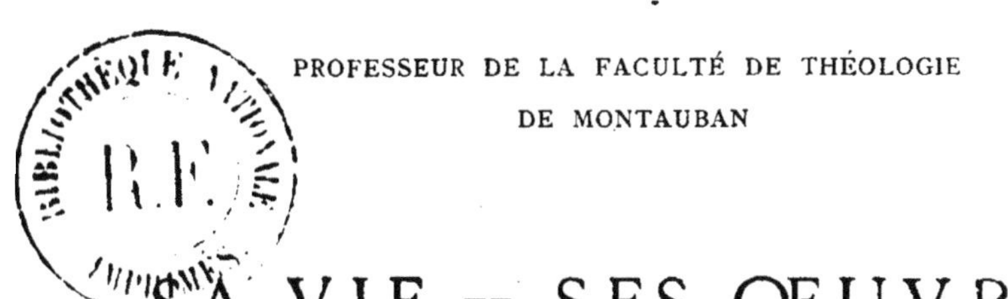

PROFESSEUR DE LA FACULTÉ DE THÉOLOGIE
DE MONTAUBAN

SA VIE -- SES ŒUVRES

PAR

EDOUARD RABAUD

Pasteur.

PARIS
FISCHBACHER, LIBRAIRE ÉDITEUR
SOCIÉTÉ ANONYME
33, rue de Seine, 33.
1888

LISTE DES PUBLICATIONS
DE M. NICOLAS.

Dissertation sur la forme de la poésie hébraïque, broch. in-8°, 1833.

Rapport de l'Ancienne à la Nouvelle Alliance, 1 vol. in-8°, 1836.

Essai d'Hermeneutique, 1 vol. in-8°, 1838.

Réponse à la lettre de M. l'abbé Lacordaire sur le Saint-Siège, broch. in-8°, 1838.

De la Destination du Savant et de l'Homme de Lettres par J.-G. Fichte. (Traduction), 1 vol. in-8°, 1838.

De l'Eclectisme, 115 pages, broch. in-8°, 1840.

Quelques considérations sur le Panthéisme, broch. in-8°, 1842.

Jean-Bon Saint-André. Sa vie, ses écrits, 1 vol. in-12, 1848.

L'Idée et le Développement historique de la Philosophie chrétienne par Henri Ritter. (Traduction), 1 vol. in 8°, 1851.

Introduction à l'étude de l'histoire de la philosophie, 2 vol. in-8°, 1849-1850.

Histoire littéraire de Nîmes et des localités voisines, 3 vol. in-12, 1854.

Des Doctrines religieuses des Juifs pendant les deux siècles antérieurs à l'ère chrétienne. 1 vol. in-8°, 1860.

Etudes critiques sur la Bible. Ancien-Testament, 1 vol. in-8°, 1861.

Etudes critiques sur la Bible. Nouveau-Testament, 1 vol. in-8°, 1863.

Essai de Philosophie et d'Histoire religieuse, 1 vol. in-8°, 1863.

Etudes sur les Evangiles apocryphes, 1 vol. in-8°, 1865.

Le Symbole des Apôtres. Essai historique, 1 vol. in-8°, 1867.

Histoire de l'ancienne Académie de Montauban, 1 vol. in-8°, 1885.

MICHEL NICOLAS

PROFESSEUR DE LA FACULTÉ DE THÉOLOGIE DE MONTAUBAN

SA VIE -- SES ŒUVRES

Le 28 juillet 1886, M. Michel Nicolas, professeur de philosophie à la faculté de théologie de Montauban, est mort après une longue, utile et brillante carrière.

Lorsque un homme, comme lui, ayant occupé une grande place dans la science et exercé une influence certaine sur le mouvement des idées, disparaît, sa mort jette dans l'âme une impression immédiate d'affaiblissement et comme de stupeur. On a le sentiment du vide qui se creuse. C'est une force qui disparaît; la lumière semble baisser autour de nous. Tel fut l'effet produit par la mort de M. Michel Nicolas dans notre Église à laquelle il avait consacré sans réserve sa science et sa vie. Le protestantisme français se sentit diminué par la perte de celui qui a été et qui demeure l'un de ses plus remarquables représentants. Comme érudit et comme savant, en effet, s'il avait parmi ses coreligionnaires des égaux, dans tous les cas il n'avait pas de supérieurs, et, comme professeur, celui qui pourrait le remplacer ne s'est pas encore révélé.

Quelque naturelle et légitimée qu'elle soit, la douleur d'une profonde et trop fraîche blessure aurait nui à un examen impartial du travail accompli et des services rendus. Il faut laisser le temps faire son œuvre d'apaisement et de justice. Cette longue vie scientifique si remplie, si sincère ne saurait que gagner à une appréciation plus calme, plus sereine.

Le moment est venu aujourd'hui de retracer les principaux faits de cette existence peu accidentée, absorbée par l'étude et la science, et d'en rappeler les grands et utiles travaux, fruit d'un labeur ininterrompu d'un demi-siècle.

I

LA VIE

Né à Nimes le 22 mai 1810, étudiant à la faculté de Genève de 1827 à 1832, M. M. Nicolas, après avoir complété ses études par un séjour de deux ans en Allemagne, fut nommé, dès son retour, pasteur auxiliaire à Bordeaux, et l'année suivante, pasteur titulaire à Metz, où il demeura de 1835 à 1838. Dès la seconde année de son ministère, déjà licencié en théologie, il préludait à ses futurs et si remarquables travaux par la publication d'un modeste catéchisme : *Instruction chrétienne à l'usage des catéchumènes, suivie d'un petit catéchisme pour les enfants et d'un recueil de prières*, où se révèle cet esprit clair, précis, ennemi de la forme creuse, du convenu, au savoir vraiment encyclopédique.

M. M. Nicolas, tout en vaquant aux travaux du ministère évangélique avec la conscience qu'il mettait en toutes choses, prépara sa thèse et obtint le titre de docteur en théologie à Strasbourg en 1838. L'année suivante, le Ministre de l'instruction publique le nommait professeur de philosophie à Montauban, à l'âge de 28 ans.

C'était là le vrai champ de travail pour lequel la Providence l'avait formé. Dès lors, il se livra sans relâche à ce labeur quotidien qui a fait de lui l'un des représentants les plus remarquables et les plus connus du protestantisme français. Travailleur infatigable autant qu'infatigable chercheur, se reposant par la variété de la besogne, d'une intelligence singulièrement compréhensive, il a embrassé avec une égale puissance le double domaine de la philosophie et de la théologie. Dans ces deux branches des connaissances humaines, il a acquis la même supériorité et la même autorité. Un seul fait le prouverait au besoin : la plupart des ouvrages du professeur montalbanais ont été traduits en allemand, honneur qui n'a pas été fait souvent aux théologiens français contemporains.

L'œuvre de M. M. Nicolas, qui fait la matière de la seconde partie de ce travail, est considérable. Parmi les nombreux écrits sortis de sa plume, nous citerons : *Introduction à l'histoire de la philosophie*, 1849 (2 vol.); — *Histoire littéraire de Nimes*, 1854 (3 vol.) ; — *Doctrines religieuses des juifs pendant les deux siècles antérieurs à l'ère chrétienne*, 1860 (2e éd., 1869) ; — *Études critiques sur la Bible ; Ancien Testament*, 1861 (2e éd., 1869), *Nouveau Testament*, 1863 ; — *Essais de philosophie et d'histoire religieuse*, 1863 ; — *Études sur les Évangiles apocryphes*, 1865 ; — *Le Symbole des Apôtres*, 1867 ; — *Histoire de l'ancienne académie protestante de Montauban*, 1885. Il a été le collaborateur actif et assidu de nombreuses revues théologiques et scientifiques : la Liberté de pensée, la Revue théologique de Strasbourg, la Libre Recherche, la Revue germanique, le Bulletin du protestantisme français, la Revue des religions, le Dictionnaire général de politique de Maurice Block, la Nouvelle Biographie générale, l'Encyclopédie des sciences religieuses, la seconde édition de la France protestante, etc. Son activité était aussi grande que son érudition étendue et sa science sérieuse et honnête. Il y a là, dans tous ces *Périodiques*, des séries d'articles très étudiés, d'un travail achevé, pouvant fournir ample matière à une publication posthume qui par la valeur et l'intérêt ne serait pas inférieure à ses ainées. C'est un devoir pieux envers l'Église et envers cet illustre et si regretté ami, auquel, nous avons tout lieu de l'espérer, ne faillira pas sa famille.

Depuis déjà plusieurs années, l'histoire du protestantisme avait captivé l'activité et en grande partie accaparé le travail de ce vrai fils des huguenots, si protestant de cœur. C'était, nous disait-il souvent, sa manière de se reposer de ses longs et fatigants travaux et de distraire son active vieillesse. Vrai repos de savant et non de flâneur. Recherches minutieuses dans les registres et les manuscrits des Archives et de la Bibliothèque nationale durant les mois de vacances, longues stations, pendant le cours de l'année, dans la petite salle des archives de Montauban, à l'état-civil, chez les notaires, lecture patiente des vieux manuscrits et des vieux ouvrages protestants, que n'a-t-il pas feuilleté, que n'a-t-il pas lu, relativement à notre histoire ! Et combien grande était sa joie, lorsqu'il avait découvert la généalogie et les destinées d'un protestant même obscur, ou exhumé une signature authentique permettant de rétablir l'orthographe exacte d'une famille ou d'un personnage ayant joui d'une certaine influence. De tous ces travaux patients, de toutes ces investigations à travers les restes de notre passé religieux, que nul ne connaît mieux ni aussi bien qu'il ne l'a connu, il demeure sa remarquable *Histoire de l'ancienne Académie de Montauban* et environ dix gros volumes de notes manuscrites, vrai trésor historique, unique et inappréciable, que ce bénédictin de la science était seul capable de découvrir et de recueillir. Sa mort est assurément une perte irréparable, un amoindrissement de force et d'éclat pour le protestantisme français.

Et à côté du savant, quel homme excellent et quelle nature religieuse ! C'est ici le Nicolas intime, ennemi de l'apparat et des manifestations extérieures, l'hôte affectueux du cabinet de travail, le professeur bienveillant, l'ami oubliant sa supériorité et se livrant, dans une de ses longues et instructives causeries que l'on se gardait bien d'interrompre, sinon par quelques questions destinées à ouvrir un nouveau champ à sa parole. C'est là un double côté souvent méconnu en M. M. Nicolas et qu'il est essentiel de relever pour avoir la véritable image de cette physionomie si individuelle, si marquée et en quelque mesure complète. Certes, il était rude parfois, et plus d'un porte la marque de ses coups de boutoirs écrasants ; ses critiques étaient souvent faites de raillerie et d'épigrammes impitoyables. Ce qu'il poursuivait sans pitié, c'était la vanité, la pose, la nullité prétentieuse. Combien, au contraire, il était bienveillant, doux, complaisant, serviable à l'excès, pour les modestes, les humbles, les natures droites et franches! Pour ceux-là, il était toujours prêt à se déranger, à interrompre la phrase commencée, à donner conseils, renseignements, indications précieuses; on l'a vu plus d'une fois, négliger son propre travail, consacrer des heures, des journées à chercher dans sa bibliothèque ou dans sa mémoire, bibliothèque vivante, les éléments précis de la réponse à faire à des demandes toujours bien accueillies. On n'a jamais fait appel en vain à sa bienveillante et incomparable érudition. Ils le connaissaient mal ceux qui n'ont pas goûté la bonté de ce savant, simple, modeste et doux.

Ce serait le méconnaître tout autant que de ne pas rendre hommage à sa piété. Elle s'éloignait autant que possible du convenu, du factice, du faux sentimentalisme. Nature foncièrement religieuse, ennemi des manifestations vaines et des formes creuses, M. M. Nicolas s'inspirait d'une piété simple et austère; sa religion était un spiritualisme élevé, l'amour du vrai et du bien. Si la loyauté du savant, l'amour de la vérité, qui le dominait en tout, ne l'avaient pas empêché de publier une longue étude, complètement achevée, sur l'*Essence de la religion*, on aurait eu là une épreuve éclatante de sa réelle et supérieure piété. Il la témoignait du reste sans ostentation, mais sans faiblesse. Aussi longtemps que ses forces le lui ont permis, nous l'avons vu souvent assis, seul, auditeur attentif, dans la tribune du petit temple de la faculté, où le culte plus familier convenait mieux à ses besoins religieux et à son aversion pour les sermons transcendants; ou bien encore, lors des fêtes solennelles, venant à la table de communion manifester sa foi positive et son attachement à l'Église.

Notre Église protestante perd en lui un de ses plus fidèles enfants, l'un de ceux qui ont le plus contribué à la faire apprécier et à répandre dans le monde le bon renom du protestantisme français. Avec M. Michel Nicolas disparaît une de ses illustrations les plus pures et les plus incontestées.

II

LES ŒUVRES

Il ne saurait être question de faire ici une étude critique, pas plus qu'une analyse détaillée et complète de l'œuvre considérable et d'une valeur supérieure produite par Nicolas, une partie de son activité scientifique ayant été prodiguée dans des articles et des notices de nature et d'importance très diverses, éparpillés dans des dictionnaires, des encyclopédies et de nombreuses revues périodiques. Je me propose seulement de donner une vue d'ensemble des plus importantes productions de ce robuste et fécond esprit, celles qui ont fait connaître son nom, établi sa réputation et son autorité dans le grand public, en France et à l'étranger.

Quoique, à vrai dire, aucune des connaissances humaines n'ait été absolument étrangère à Nicolas, il a concentré sur trois points spéciaux les forces et l'effort de sa puissante constitution intellectuelle : la philosophie, la critique religieuse, l'histoire. Malgré tout, cependant, c'était un esprit essentiellement critique. Philosophe, théologien, historien, il est toujours et partout critique. Ce caractère, trait distinctif de son talent, domine dans toutes ses œuvres.

L'ŒUVRE PHILOSOPHIQUE.

La philosophie a été la principale occupation de cette longue vie si laborieuse ; elle n'occupe pourtant pas la première place parmi les publications de Nicolas. La partie la plus importante de son œuvre philosophique, celle qui a sans contredit le plus de valeur, est celle-là même qui n'a pas été et qui malheureusement ne sera pas publiée, je veux dire le Cours de philosophie. Nicolas le revoyait, le corrigeait, le modifiait, le rajeunissait sans cesse. Il y a travaillé jusqu'à son dernier jour de professorat. Rédigé seulement en quelques parties, pour la plupart résumé en des notes substantielles, ce Cours forme une histoire critique de la philosophie précise, nette, exacte, impartiale, comme il en existe peu assurément. Très personnel, il met en relief les qualités distinctives du professeur, l'érudition étendue et de première main, la probité scientifique, le jugement très droit et très sûr, une grande élévation de pensée, un sens critique affiné.

Cette dernière qualité a même été certainement la cause que Nicolas n'a pas fait métier de philosophe au sens étroit du mot. Il n'a pas construit de système en effet, et, sauf pendant les premières années de son enseignement, il n'a été l'homme d'aucun système. En chacun d'eux il discernait trop bien le fort et le faible, le vrai et le faux; l'antithèse irréductible et universelle, le dualisme inhérent à toute conception humaine le frappaient si vivement que la synthèse était, à son sens, impossible ; l'unité lui apparaissait comme un idéal chimérique, que le philosophe doit poursuivre toujours, sans espérer l'atteindre jamais. Systématiser est le propre des esprits absolus qui ne voient qu'un côté des choses ; Nicolas n'était rien moins qu'un esprit absolu. Très compréhensif au contraire, d'une grande largeur de vue, trouvant partout une part de vérité, partout une part d'erreur, il s'était attaché à quelques solides principes primordiaux, devenus le fondement de ses convictions philosophiques et religieuses. Je ne crois pas qu'il ait jamais songé à les pousser à leurs dernières conséquences pour les réduire en système, estimant que la logique à outrance confine à l'absurde.

En dehors de nombreux articles fournis à diverses revues ou encyclopédies spéciales, les publications philosophiques de Nicolas comprennent : la traduction de l'ouvrage de Fichte, *La destination du savant* [1] et celle du beau travail de Ritter sur *l'Idée et le Développement historique*

1. 1 vol. in-8°. — Librairie de Ladrange — 1838.

de la philosophie chrétienne [1] ; une brochure sur l'*Eclectisme* et l'*Introduction à l'Etude de l'histoire de la philosophie*, œuvre importante, qui commença à faire connaître le nouveau professeur de Montauban.

Grâce à la forme brillante dont M. Cousin l'avait enveloppé et peut-être aussi un peu à la fortune politique du maître, l'éclectisme exerça dès l'abord une véritable fascination et devint rapidement la doctrine à la mode. Il paraissait au moment marqué et trouvait un milieu favorable à son développement, une époque répugnant aux exagérations ultramontaines, fatiguée du doute et avide de croire. Or, « l'établissement et la chute des » opinions dépendent non de leur absurdité ou de » leur évidence, mais de la conformité ou de l'op- » position qui se rencontrent entre elles et l'état des » esprits. Le succès de l'électisme s'explique par le génie » et les inclinations de son temps et de son pays. Les » mêmes forces mènent partout l'inventeur et la foule. »

Tout système, à peine a-t-il vu le jour, se heurte à des contradicteurs. Celui de M. Cousin a subi le sort commun. Parmi ses plus ardents adversaires figura Pierre Leroux. Dans un article, paru dans l'*Encyclopédie nouvelle* et puis tiré à part [2], il attaqua l'éclectisme et M. Cousin avec une âpreté de langage excessive.

La nature de son talent et de son esprit portait Nicolas vers la nouvelle philosophie. Il a commencé en effet par en être un fervent adepte. Si plus tard il repoussa et même combattit l'éclectisme systématique, il en a toujours conservé la méthode, *observant toutes choses et retenant ce qui est bon.* Mais à ce moment-là, ses convictions éclectiques étaient entières. Il profita de l'attaque passionnée de Pierre Leroux, pour les exposer dans une brochure [3], qui, loin de passer inaperçue, irrita vivement les ennemis de la philosophie en vogue, et dont le ton calme, impersonnel, élevé

1. 1 vol. in-8°. — Marc Ducloux éditeur, Paris — 1851.
2. Réfutation de l'Eclectisme — 1839.
3. *De l'Eclectisme.* — 115 pages — Paris. Ladrange. 1840.

n'empêcha pas leurs injurieuses appréciations, qui ne valent pas d'être relevées.

Cette apologie de l'éclectisme, tout en étant fortement pensée et révélant déjà une érudition étendue, n'offre rien d'absolument nouveau. La supériorité de la philosophie nouvelle, aux yeux de son défenseur, consiste dans son principe fondamental. Elle aspire à combiner dans une doctrine supérieure, formant un tout organique et vivant, les éléments de vérité que renferment les systèmes antérieurs. On l'ignore ou on la calomnie, lorsqu'on la représente comme un procédé arbitraire, permettant à chacun de choisir à son gré, dans les systèmes philosophiques, sans travail critique, ce qui lui paraît le plus probable. Fort ancien comme principe et comme méthode, l'éclectisme n'a acquis son développement naturel que dans notre siècle, qui seul pouvait lui fournir les matériaux et les connaissances indispensables à sa parfaite application. Il exige, en effet, une science historique fort étendue et un sens critique inconnu des temps anciens. Lui seul fournit le moyen d'éviter l'exclusisme, pierre d'achoppement de tous les systèmes, et de résister à l'attrait dangereux des principes extrêmes, dont l'histoire montre la fragilité. Bien loin, du reste, de se donner comme le couronnement de la philosophie, une *perennis quœdam philosophia*, il se développe parallèlement aux progrès des sciences et proclame avec Schlegel : « On ne peut pas être philosophe, mais seulement le devenir ; on cesse de le devenir, dès qu'on croit l'être. » S'il n'a pas encore produit un système complet, une vraie doctrine philosophique, c'est qu'il ne date que de hier et que sa méthode exige des recherches et des travaux considérables, avant de pouvoir procéder à une systématisation.

Quelles que soient les qualités intrinsèques de cette brochure, elle ne donne pas la vraie mesure de son auteur. On doit la prendre comme l'œuvre d'un néophyte, qui n'en aurait certainement pas, quelques années plus tard, reproduit toutes les conclusions. Elle prouve surtout l'irrésistible fascination que Cousin exerça, dès les premiers temps de son enseignement, sur la jeune génération philosophique.

L'*Introduction à l'étude de l'histoire de la philosophie* [1] est une œuvre d'une toute autre portée, par laquelle on peut juger déjà la valeur exceptionnelle tant de l'érudit que du philosophe critique. Certaines parties de l'ouvrage ont vieilli, surtout en ce qui touche aux problèmes approfondis par la pensée contemporaine, à la lumière des progrès accomplis dans les sciences de la nature, et qui se posaient à peine à cette époque ; certaines prévisions de l'auteur ne se sont pas réalisées, qui du reste étaient fort secondaires dans l'œuvre elle-même. Mais le gros de l'œuvre, ce qui en constitue le fond, l'exposé sommaire et la critique des systèmes, les fines et justes analyses psychologiques, la vue profonde de l'histoire de la philosophie, conserve encore toute son importance, rehaussée par l'exactitude des renseignements, l'impartialité des appréciations et une science de première main très étendue.

Par l'expérience acquise en dix-neuf années de professorat, Nicolas avait eu l'occasion de constater souvent que, au sortir du lycée, les étudiants arrivaient mal préparés à l'enseignement supérieur de la philosophie. Ou bien, disciples trop soumis d'un premier maître, ils abordaient cette étude avec un système arrêté et des idées préconçues ; ou bien, cas plus fréquent, ils avaient plus de prétentions que de sérieuses connaissances préliminaires. Leur donner une idée générale de cette vaste et difficile science, montrer qu'elle obéit elle aussi à une dialectique interne, se développe et s'accroît d'après des lois spéciales et régulières, dont la connaissance est nécessaire pour se reconnaître au milieu de la diversité des théories, faire voir que les systèmes se succèdent en vertu de règles inflexibles, les ramener tous à quelques types fondamentaux dont les autres ne sont que les dérivés, signaler enfin leurs mérites et leurs défauts respectifs, serait donc porter l'ordre dans l'apparente confusion des systèmes, la lumière dans ces

1. 2 vol. in-8°. Paris. — Librairie philosophique de Ladrange. 1849-1850.

ténèbres. Pour les guider dans ce dédale, les nouveaux venus auraient ainsi le fil d'Ariane. C'est à réaliser ce but que s'attache l'*Introduction*.

Véritable philosophie de l'histoire de la philosophie, cet ouvrage comprend trois parties distinctes.

La première expose les lois d'après lesquelles les systèmes se forment, se modifient, se succèdent. Leur multiplicité et leurs variations sont une conséquence naturelle et logique des lois elles-mêmes de la connaissance rationnelle. Or, il n'y a pas pour l'esprit humain une infinité de manière de voir et de comprendre les choses. La racine de tous les systèmes étant dans l'esprit humain, dont ils reproduisent les conceptions, comme celles-ci, ceux-là sont donc limités. Par cette méthode psychologique, qui a conduit son créateur, M. Cousin, à la célèbre théorie des quatre systèmes fondamentaux de la philosophie, Nicolas trouve cinq grandes formes principales de la pensée humaine : Matérialisme, Idéalisme, Scepticisme, Mysticisme, Criticisme. A l'un ou à l'autre de ces types, il n'est point de système qui ne se puisse ramener.

Ces différents systèmes primordiaux, ainsi que leurs dérivés, se complètent, se succèdent, se remplacent par un mouvement régulier et progressif de la pensée, les principes essentiels demeurant sensiblement les mêmes sous des enrichissements successifs et en des expositions nouvelles. Dans ce mouvement continu de la pensée philosophique on peut légitimement établir la même division que dans l'histoire générale, et distinguer la philosophie ancienne, la philosophie moderne. Quoiqu'elles ne se soient pas brusquement succédées, les manières de penser ne naissant pas et ne finissant pas à heure fixe, le déclin de l'une et l'apparition de l'autre coïncident avec l'arrivée du Christianisme dans le monde. La philosophie moderne, ou chrétienne, d'après l'appellation de Ritter [1], préparée par les efforts et les progrès antérieurs, est caractérisée par une claire conscience de l'unité de principe, dont la philo-

1. Ritter. *Histoire de la philosophie ancienne.* Tome I, p. 36-42.

sophie grecque, se débattant vainement contre le dualisme, fond de la pensée ancienne, n'avait qu'une intuition confuse.

Une périodicité très accusée se remarque dans chacune de ces deux époques, qui établit un parallélisme frappant entre elles, met en évidence les lois logiques de l'esprit et permet d'établir, de l'une à l'autre, d'intéressants rapprochements. L'une comme l'autre nous montre la philosophie sortant de la religion; aux premières heures de chacune d'elles le point de vue théologique domine. C'est le temps lointain des mystères et des prophètes pour l'antiquité; pour l'âge moderne, celui de la scolastique. Plus tard, formée à cette école, l'intelligence parvient à la systématisation rationnelle de sa pensée, pour aboutir, par une nouvelle évolution, au scepticisme. Les Académiciens, Œnésidème, Sextus, succèdent à Thalès, Platon et Aristote; le XVIIIe siècle sort du XVIIe siècle dans l'âge moderne. Mais le scepticisme ne saurait longtemps suffire; il suscite le besoin de croyances positives et les systèmes de conciliation apparaissent: néoplatoniciens et néopythagoriciens dans l'antiquité, à notre époque, éclectiques. Ce développement et cette périodicité harmoniques concordent avec les trois moments toujours identiques de la pensée qui procède vis-à-vis du contenu de la connaissance par l'intuition d'abord, puis par l'analyse, enfin par la synthèse.

Il est facile, d'après l'origine et la loi de variation des systèmes philosophiques, de comprendre qu'aucun d'entre eux n'est ni absolument faux, ni absolument vrai et de voir en même temps quelle est la part de vérité et la part d'erreur qui ont fait leur force et leur faiblesse. Cet examen critique des systèmes est l'objet de la seconde partie. Je ne crois pas utile de la résumer. Sans doute cette exposition sommaire, que l'on sent faite d'après les textes même, révèle les qualités caractéristiques de l'auteur qui distingueront ses productions ultérieures. Toutefois la critique et l'histoire des grands systèmes de philosophie ont été trop souvent faites, pour que cette partie de l'ouvrage qui nous occupe offre un intérêt particulier d'originalité et de nouveauté. Il suffit d'avoir marqué sa place.

Plus nouvelle, en une certaine mesure, est la troisième partie [1]. Elle expose l'évolution de la philosophie à travers les siècles. Ce n'est rien en effet que de connaître les systèmes, leurs tendances, leurs suites logiques. A s'en tenir là, on n'aurait que des idées incohérentes sur le développement philosophique de l'humanité. Cette étude préliminaire doit être complétée par une étude autrement importante et difficile. Il faut apprendre les rapports intimes des doctrines successives et saisir leur causalité historique, qui est ici une causalité logique. Par suite du travail successif de la pensée, les systèmes antérieurs servent de base aux systèmes postérieurs. Il y a donc, entre toutes les théories, un lien logique qui les rattache les unes aux autres et qui établit une unité profonde dans l'œuvre philosophique des siècles.

Comment ce lien s'établit-il ? Quelles sont ces relations profondes et constantes ? L'histoire et l'étude elle-même des systèmes nous apprennent qu'ils se relient les uns aux autres suivant les trois manières, on pourrait dire, les trois lois suivantes :

1° Ou bien ils se continuent sur une même ligne, les successeurs développant en la simplifiant l'idée-mère systématisée par le fondateur de l'école. Ainsi Condillac développe Locke et il est complété par Destutt de Tracy.

2° Ou bien le système primitif est soumis à une révision critique qui, par l'action d'un penseur éminent, en fait sortir un système en quelque sorte nouveau, original, quoique reposant sur le même principe. Ainsi Aristote pour le platonisme, Leibnitz pour le cartésianisme.

3° Ou bien les systèmes se produisent en opposition avec les précédents, se fondant sur ce que leurs prédécesseurs avaient négligé. Ainsi, par opposition à Platon et à Aristote, l'épicuréisme et le stoïcisme, et Kant par rapport à Hume et aux sensualistes au point de vue spiritualiste, par rapport à l'école wolffienne au point de vue pratique.

1. Pour parler ainsi, je me reporte évidemment à l'époque où l'*Introduction* parut et sans méconnaître l'inspiration générale de Cousin.

Ce n'est pas tout. D'autres facteurs concourent à la formation et à la direction générale des systèmes. La personnalité du penseur, le milieu, les antécédents, les circonstances historiques, les conséquences subséquentes, autant d'éléments, secondaires sans doute, mais importants pour bien juger les philosophies diverses.

Il est intéressant de voir comment, d'après ces principes et par une judicieuse analyse, l'auteur retrouve et signale l'enchaînement des systèmes et les montre s'engendrant soit par filiation logique, soit par opposition plus ou moins accentuée, depuis le premier mouvement de la pensée, jusqu'aux plus hautes conceptions métaphysiques des temps modernes. Le berceau de la philosophie, c'est l'Orient, dont les lointaines traditions offrent les premières traces d'un effort de l'esprit en face des grands problèmes qui surgissent [1]. Puis voici le génie brillant et pratique de la Grèce, vivifié par l'Orient, produisant une philosophie immortelle, rayonnant d'un éclat merveilleux qui progressivement s'atténue et s'éteint dans l'épuisement du doute et les rêveries du mysticisme.

Le Christianisme donne une nouvelle vigueur à l'esprit, en introduisant une nouvelle manière de concevoir les rapports et l'existence des choses. La philosophie moderne apparaît alors, fort modeste encore, subissant encore l'influence de la pensée antique, reproduisant, comme on l'a vu, les trois mêmes phases de l'ancienne philosophie, allant des théories rudimentaires des Pères de l'Eglise à la scolastique du moyen-âge, dont la lutte entre l'école dominicaine et l'école franciscaine marque la phase la plus brillante, s'affaissant dans le doute, fruit de la pure spéculation et finissant dans le mysticisme de Gerson. C'est de là qu'est sortie la philosophie moderne, grâce à une lumière plus pure, à une science sécularisée et une liberté nouvelle.

1. Les progrès faits de nos jours par la science des religions ont enlevé à ce chapitre une partie de sa valeur. Mais, si dans les détails il a été dépassé, le fond reste exact et l'on admire avec quelle étonnante intuition. Nicolas a su tirer de documents incomplets des appréciations qni demeurent justes après un demi-siècle.

Essais aventureux et inévitables au quinzième et au seizième siècles, splendide développement au dix-septième siècle sous l'impulsion de Descartes, Locke, Leibnitz, les pères de la philosophie moderne, affaissement dans le scepticisme et le matérialisme du dix-huitième siècle, ces alternatives d'ombre et de lumière conduisent au relèvement de l'esprit philosophique, manifesté par le grand mouvement que Kant a inauguré en 1781 avec *la Critique de la raison pure.* Mais les mêmes conséquences logiques se produisent. L'idéalisme subjectif se transforme en idéalisme transcendental avec Fichte, en philosophie de la nature avec Schelling, arrive à Hegel et l'on assiste, durant cette phase, aux guerres civiles du panthéisme, suivant le mot de Cousin. Puis l'écho de ces grands débats lui-même s'éteint. Après tant de bruit, un profond silence. Est-ce lassitude, impuissance ou recueillement ? La tendance de la philosophie moderne vers une science plus complète et toujours plus exacte permet de compter sur la vitalité du génie moderne et d'espérer une philosophie supérieure et une meilleure civilisation.

Par cette analyse, qu'il était difficile d'abréger davantage, on peut se rendre compte, quoique d'une manière bien incomplète, de la profondeur de vue et de l'étendue des connaissances du professeur de Montauban. Ces prolégomènes de l'histoire de la philosophie ont atteint leur but. Plusieurs générations d'étudiants ont trouvé dans cet ouvrage un guide précieux et sûr et les ressources nécessaires pour l'étude de la philosophie.

Entraîné par le caractère même de son esprit, par la nature de ses premières études, probablement aussi par sa position, Nicolas, sans abandonner le souci de la philosophie pure, dirigeait de plus en plus l'effort de son labeur vers les questions de philosophie plus spécialement religieuses.

Une étude complète, largement traitée sur les mystiques du XIVe et du XVe siècles [1], avec de nombreux articles

1. *Les Mystiques rationnels et les Mystiques irrationnels.* Nouvelle revue

dans les divers périodiques du moment, sert de transition, pour ainsi dire, entre son œuvre philosophique et ses remarquables travaux de critique religieuse, qui l'ont placé au premier rang parmi les théologiens français contemporains. Cette étude forme un tout homogène, très personnel d'accent, faite d'après les textes eux-mêmes, et vaudrait d'être publiée à part. Elle fournirait la matière d'un intéressant volume sur un sujet obscur et nécessitant des recherches assez souvent fastidieuses.

Une savante introduction analyse avec soin et sagacité les éléments constitutifs du mysticisme. Pour le comprendre et le juger impartialement, il est nécessaire de le replacer dans les milieux et les temps qui le virent apparaître. C'est en général après les périodes de recherches subtiles et desséchantes, après l'affaissement de l'âme dans le doute et l'intellectualisme à outrance que le mysticisme surgit. Il constitue moins un système philosophique proprement dit, qu'il ne manifeste un état psychologique particulier. Sont-elles en effet en possession d'elles-mêmes, dans un équilibre normal, ces natures vibrantes de religieuses et de moines contemplatifs, aux ardeurs maladives, tout imprégnées d'exaltation, de lyrisme, en même temps que de sincérité et de foi naïve, dominées par l'ardent besoin de connaître l'inconnaissable et l'impérieux désir de s'unir à lui ? L'union avec Dieu, voilà le but unique, en effet, pour le mystique affamé du bien suprême. A ses yeux, l'intuition, l'inspiration intérieure, le sentiment du vrai que l'homme porte en lui, l'extase est une voie plus directe et plus sûre que les arides discussions de la scolastique et le travail souvent contradictoire de la raison.

De ce principe fondamental, commun à tous les mystiques, sortent des systèmes différents, mais qui peuvent facilement se ramener à deux types distincts : le mysticisme psychologique, le mysticisme extatique, que Nicolas nomme plus justement ; le *Mysticisme rationnel* et *irra-*

de théologie de Strasbourg : vol. IV, 1859 — IX, 1862. — 3e série, vol. I, 1863 — II, 1864.

tionnel. Cette appellation a ce grand avantage sur la désignation ordinaire, qu'elle porte avec elle la caractéristique essentielle de chacune des écoles qu'elle désigne ; elle vaut une définition.

A mesure que se déroule le lucide exposé des idées principales de cette étrange philosophie religieuse, d'après les élucubrations de ses principaux représentants, les différences et les caractères distinctifs de chaque groupe gagnent du relief.

Un seul et même but pour tous les mystiques : l'union directe avec Dieu. L'intuition de Dieu par l'âme en donne la vraie connaissance. Fut-on d'ailleurs parfaitement ignorant de toutes les sciences, on est vraiment philosophe, lorsqu'on possède la vraie science, celle du sentiment religieux. Mais dès qu'il s'agit de déterminer ce but commun, surgit aussitôt une différence fondamentale. L'union avec Dieu peut en effet s'entendre de deux façons : les uns, les mystiques irrationnels, la poursuivent dans et par une identification métaphysique et tombent dans le panthéisme; les autres, les mystiques rationnels, la comprennent comme une ressemblance morale. Pour ceux-ci il s'agit de devenir moralement semblable à Dieu. Pour les premiers il s'agit de cesser d'être homme pour devenir Dieu.

Cette différence considérable se reproduit dans les doctrines, la méthode et la discipline.

Quant à la doctrine, le mystique irrationnel ne voit dans ce qui constitue la nature humaine qu'un obstacle à l'union avec le divin; que l'homme s'anéantisse donc pour que l'action divine ne soit pas contrariée. Loin de poursuivre la diminution de notre personnalité, les mystiques rationnels recommandent, au contraire, de la sanctifier sous l'influence nécessaire et directe de l'esprit de Dieu.

Même opposition dans les méthodes. Le mysticisme irrationnel est transcendantal. Se tenant en dehors du champ de l'observation, il part non de ce qu'il peut constater, mais de ce qu'il croit devoir être d'après les exigences d'une logique ignorante de la réalité. Il aboutit à des conséquences aussi chimériques que les prémisses, à des rêves de cerveaux malades, *velut œgri somnia.* Le mysticisme rationnel s'établit au contraire sur le terrain solide de l'expérience psychologique. Quant aux questions obscures, aux mystères qui dépassent la prise de la raison, il essaye de les éclairer par les analogies avec les faits spirituels le mieux constatés. Mais il prend toujours pour mesure et critère de leur plus ou moins grande vérité leur harmonie avec la science.

L'accord parait à première vue exister sur la discipline. Au fond la différence est très marquée pour le degré et pour l'intention. Ascétiques tous les deux et prêchant le renoncement, l'un pousse l'ascétisme jusqu'au point où décidément il détruira la vie; l'autre l'arrête aux limites imposées par les conditions de l'existence terrestre. Par le renoncement le mystique irrationnel poursuit l'extase qui doit, momentanément au moins, l'identifier avec Dieu; le mystique rationnel lui demande seulement la délivrance du joug des passions humaines. Le but de celui-là est métaphysique. Le but de celui-ci, éthique.

La différence entre les deux groupes est donc essentielle. Impossible de les faire rentrer l'un dans l'autre. Il n'y a dès lors rien de surprenant à les voir se combattre avec violence, dès qu'ils parviennent à se bien comprendre.

Cette vue d'ensemble est complétée et confirmée par l'étude critique des principaux représentants des deux types de mysticisme, auxquels toutes les manifestations de cette philosophie peuvent être ramenées: Gerson, en particulier, qui fournit l'expression la plus complète du mysticisme rationnel et pour le mysticisme irrationnel, Eckart, Tauler, Molinos, sainte Thérèse, Antoinette Bourignon et quelques autres moins connus.

Le travail n'est à coup sûr ni attrayant ni facile. Si le mysticisme est un phénomène psychologique intéressant, la lecture des œuvres mystiques est souverainement fastidieuse. Quel chaos de rêveries, de sentiments bizarres, d'hallucinations, d'incohérences, qui déroutent le lecteur et donnent le vertige ! La pensée ne se détache presque jamais nettement. Dans cette atmosphère, tout imprégnée d'exaltation, d'élans désordonnés, de poésie, d'ascétisme, de piété déréglée, de superstition, l'esprit dévoyé ne conçoit plus et n'agit plus d'après les lois intellectuelles ordinaires. La phraséologie, toute spéciale, n'éclaire pas l'idée trop souvent fuyante. C'est dans une demi-obscurité, celle du mystère ondoyant, indéfini, que résident les créations des mystiques. Sauf peut-être dans les œuvres du Chancelier de l'Université de Paris, les métaphores abondent, qui entraînent loin de la réalité vers les plus chimériques imaginations. Avec un discernement délicat et sûr, Nicolas démêle la pensée directrice et systématise les idées confuses, parfois même inconscientes de ces étranges conceptions, mettant en lumière le lien logique qui, malgré tout, les enchaîne et les conséquences naturelles qui en découlent. Son exposé méthodique, bien lié, profond et lumineux, rend très intelligibles les principes et les grandes lignes de cette philosophie extatique et maladive, vers laquelle l'humanité semble condamnée à revenir périodiquement.

L'ŒUVRE THÉOLOGIQUE.

Dans l'ensemble des travaux du professeur de Montauban, la critique religieuse occupe la plus grande place. C'est à elle qu'il a consacré la meilleure partie de ses forces. C'est elle aussi qui a établi son autorité et sa haute valeur parmi ses compatriotes et fait avantageusement connaître son nom à l'étranger. Œuvre originale et personnelle en même temps que de vulgarisation, la première, et non la moindre, elle a initié la France à la science théologique de l'Allemagne. Pour une large part elle a contribué au réveil, ou, pour mieux dire, à la création d'une théologie originale et vivante, dont la France était privée depuis le milieu du XVIIe siècle.

Samuel Vincent avait donné l'impulsion [1]. Après lui,

1. Par de nombrenses publications, surtout par sa Revue, *Mélanges de religion, de morale et de critique sacrée*, 1820-1824, et par son grand ouvrage : *Vues sur le Protestantisme*. — 2 vol. 1829.

quelques esprits d'élite, parmi lesquels Ath. Coquerel père, avaient appliqué leur temps et leur talent à la rénovation de la théologie française. Mais leurs efforts furent en ce moment impuissants. Le public était plus occupé de politique, d'économie sociale, d'industrie que de science religieuse et de métaphysique. Ce n'est qu'après 1848, lorsque l'activité intellectuelle et la curiosité de l'esprit ne purent plus s'exercer en liberté, qu'elles se tournèrent vers les questions religieuses et que les germes semés levèrent.

Le protestantisme, réveillé et vivifié, se trouva prêt à répondre aux nécessités du moment. Une crise théologique, qui se préparait sourdement depuis plusieurs années, venait du reste d'éclater. Dans notre église la vie reparut intense, féconde. Sous la pieuse et savante direction de M. Colani, avec des collaborateurs jeunes, ardents, parfaitement armés pour la lutte scientifique, Scherer et Réville en tête, la *Revue de théologie de Strasbourg* donna un ébranlement heureux à la pensée trop immobile du protestantisme, tant par des œuvres originales que par la vulgarisation de la théologie allemande.

Cependant deux professeurs de nos facultés amassaient en silence un vaste savoir. Le moment venu, Reuss et Nicolas se trouvèrent prêts pour cette grande œuvre du réveil théologique de la France, qui répondait aux besoins de l'époque. Liés d'une étroite amitié, tenus tous les deux par la passion désintéressée de la science et de la vérité, ils ont fourni de nombreux et précieux matériaux à l'édifice de la théologie nouvelle. Leurs noms resteront unis dans l'histoire par le souvenir des services rendus et l'importance de leurs travaux de premier ordre.

Le trait caractéristique de cette renaissance de la théologie fut le besoin très prononcé de la certitude historique et scientifique. On voulait croire, mais on ne voulait croire qu'à bon escient. Dès l'abord, on secoue le joug de l'autorité dogmatique sous lequel l'esprit s'était jusqu'alors incliné. A la Bible, la règle traditionnelle de la croyance, on demande ses titres; il faut qu'elle se légitime devant la raison et devant la science. L'ouvrage de Gaussen, de

Genève, *La Théopneustie*, « ce défi jeté à la critique et » au bon sens », peut être considéré, par les protestations générales qu'il souleva, comme le point de départ et la cause, tout au moins occasionnelle, de cette période d'activité brillante et utile, qui fut presque entièrement remplie par l'étude et l'histoire des documents sacrés.

Pour les bien connaître et les sainement apprécier, la connaissance des antécédents du Christianisme n'était-elle pas indispensable ? Comment discuter leur contenu, juger leurs doctrines, résoudre l'ardu problème de leurs genèse, si l'on n'a pas préalablement dégagé le lien qui les unit au passé et retrouvé la filiation de leurs idées ? Aussi l'Allemagne avait-elle, depuis plusieurs années, étudié avec ardeur l'histoire du Judaïsme. En France nul ne semblait s'en préoccuper, ni se douter de ses rapports intimes avec les données chrétiennes. Avec sa ferme logique et sa pénétration lumineuse, Nicolas avait senti, dès longtemps, que c'était là un des points essentiels du débat soulevé par l'autorité des écrits du Nouveau-Testament, le premier terme du problème à résoudre. Fort au courant des travaux allemands, en outre connaissant à fond la langue et les études hébraïques , aux sources même il puisa ou contrôla les éléments délicats, autant que difficiles à colliger, de l'*Histoire des doctrines religieuses des Juifs pendant les deux siècles antérieurs à l'ère chrétienne* [1].

Cet ouvrage parut au moment opportun et découvrait des horizons inconnus à tous, excepté peut-être aux rares familiers de l'Allemagne. A part les quelques pages consacrées par M. Reuss à ce sujet dans sa belle *Histoire de la théologie chrétienne au siècle apostolique* [2], il en est la première et la seule exposition didactique et complète qui ait paru en français ; dans son ensemble et dans ses résultats, il n'a pas été, je crois, dépassé. Point de départ de travaux postérieurs, qui en sont plutôt la continuation et la suite, on ne l'a pas refait. On peut n'en pas adopter toutes

1. 1 vol. in-8°. Paris, Michel Lévy. 1860. — 2e édition. 1869.
2. Vol. I, livre 1er, p. 43 — 144.

les conclusions ; mais la sûreté des informations, la richesse de renseignements et la parfaite loyauté scientifique de cette histoire si bien documentée en font une œuvre définitive, même après les progrès de la philologie et de l'épigraphie contemporaines.

Le Christianisme n'est pas un fait isolé dans l'histoire. Telle est l'idée inspiratrice de ce travail. L'ancienne théologie n'y contredisait pas, du reste, puisqu'elle a toujours considéré les grands évènements du monde ancien, le Mosaïsme et le Prophétisme en particulier, comme la préparation de la religion nouvelle. Mais, durant les cinq siècles de l'histoire juive antérieurs au Christianisme, ceux pendant lesquels le monothéisme règne sans partage, elle ne savait trouver que des principes opposés aux principes chrétiens. Est-il possible que la période la plus croyante, la plus fidèle ne porte aucune trace de l'idée qui triomphera dans les enseignements de Jésus-Christ ? Une telle lacune est-elle acceptable, réelle ? Non. A vrai dire, l'évolution historique de l'idée religieuse n'a subi aucun temps d'arrêt. Dans le Judaïsme des deux siècles antérieurs à l'ère chrétienne, on constate « diverses manifestations re-» ligieuses qui ont contribué à préparer l'avènement du » Christianisme et qui servent pour ainsi dire de lien entre » celui-ci et le prophétisme ; la forme historique de la re-» ligion nouvelle, c'est-à-dire la manière dont elle s'est « produite dans l'histoire, a été déterminée en partie par » le milieu dans lequel elle est née et par les antécédents » auxquels elle se rattache ».

Quels sont ces antécédents ? Quelles sont les croyances religieuses des juifs dans les deux siècles antérieurs au Christianisme ? La théologie juive s'élève sur la base solide du monothéisme, enraciné dans les cœurs depuis le retour de la captivité ; elle n'a été en somme que la science de la loi, restaurée par Esdras et qu'il fallait accommoder aux besoins d'un peuple à bien des égards nouveau. Les savants juifs ne sont que des commentateurs de la loi. L'exégèse, voilà la seule forme de cette science. On cherche sous la lettre le sens caché, par l'interprétation allégorique à Alexandrie, en Palestine par la torture que l'on fait subir au texte. Ces efforts d'intelligence ne tardent pas cependant à porter leurs fruits : on voit poindre des idées nouvelles, des croyances inconnues aux temps antérieurs à la restauration apparaissent, les hautes questions de métaphysique sont abordées. A partir du second siècle avant l'ère chrétienne, l'influence des idées mazdéennes se manifeste, incontestable sans être aussi prépondérante que certains critiques allemands l'ont supposé. Quoique quelques autres l'affirment, l'action combinée de la civilisation et de la philosophie grecque, cette dernière très opposée par sa méthode et ses principes à l'esprit juif, ne s'exerce que sur le Judaïsme égyptien ; là elle est sérieuse et empreint ce dernier d'un caractère qui le distingue absolument du Judaïsme palestinien. L'activité intellectuelle fait surgir des écoles rivales qui luttent ardemment entre elles, depuis les Maccabées surtout. Il y a guerre ouverte entre l'école formaliste de Schammaï et l'école spiritualiste d'Hillel, le fin et pur moraliste, presque un chrétien avant le Christianisme.

Sous l'effet de ces influences diverses les doctrines religieuses des Juifs progressivement se raffinent, se spiritualisent, perdent la simplicité antique, arrivent au système.

La doctrine de Dieu s'élève de l'antropomorphisme des premiers âges jusqu'à un spiritualisme exagéré, gros de conséquences et fécond en superstitions. On ne croit plus aux apparitions personnelles de Dieu. Dans tous les passages où l'Ancien Testament dit que Dieu parle, se montre, agit, les traducteurs et les commentateurs mettent à sa place quelqu'une de ses perfections personnifiées, sa Vertu, sa Gloire, sa Parole surtout.

Par suite la doctrine du Verbe, qui a eu de si hautes destinées, prit un développement extraordinaire. Rien de plus faux que de la considérer comme spéciale au Judaïsme alexandrin. Elle revêt sans doute chez Philon une couleur philosophique qu'elle n'a pas dans les Papaphrases chaldaïques; mais, à cette différence près, elle est la même au fond dans les deux fractions du Judaïsme. C'est bien un produit direct de la culture juive et non un dérivé de la religion persane ou des théories platoniciennes. Un besoin analogue de l'esprit lui a donné naissance, le besoin d'expliquer comment des êtres périssables peuvent dériver d'un être éternel et de sauvegarder ainsi la majesté divine. Cette doctrine s'accroit par des progrès successifs. Finalement le Verbe apparaît comme un être intermédiaire entre le monde, formé par lui, et Dieu trop pur pour entrer en contact avec la création ; il est le directeur de l'univers, le révélateur des choses divines, l'intercesseur, le Dieu second, le fils aîné de Dieu. On aperçoit déjà les linéaments, d'où sortira la doctrine chrétienne, caractérisée par la messianité, l'incarnation et la divinité, ces deux dernières idées tout-à-fait opposées à l'esprit juif.

La doctrine des anges fut aussi une conséquence de la spiritualisation excessive de la notion de Dieu. L'angélologie très vague, très flottante des Hébreux se fixe et s'enrichit au contact du Mazdéïsme persan. Une hiérarchie s'établit; les anges reçoivent chacun son nom et sa fonction ; ils forment une milice céleste, rappelant les Amschaspands du système mazdéen. Chez les Juifs d'Alexandrie, sous l'influence de la théorie platonicienne des dieux contingents, l'angélologie devint une vraie théorie des forces cosmiques, les anges étant considérés comme des émanations décroissantes du principe premier. Quant à la démonologie, qui n'a pas de racines dans l'Ancien Testament et ne porte pas le caractère des grands enseignements de la synagogue, elle ne se précise guère que dans les Pseudépigraphes juifs, — écrits d'origine douteuse et de date incertaine.

Les espérances messianniques ont subi l'influence déterminante du mazdéisme et ont été transformées par lui en idées apocalyptiques. Particulières au judaïsme palestinien et babylonien, elles reçoivent leur expression la plus parfaite dans le livre de Daniel. Les vagues prophéties hébraïques deviennent ici des promesses précises ; les événements qui annoncent, préparent ou suivent leur réalisation sont nettement décrits, avec des détails inconnus aux anciens prophètes. Ici la ressemblance avec les apocalypses persanes est frappante et met hors de doute leur action sur la pensée juive, telle qu'elle se présente à l'aurore de l'ère chrétienne.

Il n'est pas jusqu'à la double doctrine de la résurrection des corps et de l'immortalité de l'âme qui n'apparaisse, dans cette période, transformée jusqu'à en devenir une nouveauté. Entre elle et la croyance des anciens Hébreux à la vie morne et somnolente du schéol, une différence profonde s'est établie. Sans doute, par leur tendance éthique, les prophètes avaient quelque peu idéalisé le fond des idées mosaïques; mais ils ne s'élevèrent jamais jusqu'à une vue claire de l'une ou l'autre de ces conceptions de la vie avenir. La résurrection des corps appartient en propre au Judaïsme palestinien, l'immortalité de l'âme au Judaïsme alexandrin. Celle-ci se rencontre pour la première fois dans la Sapience et dans les écrits de Philon qui enseigne que l'âme, antérieure au corps, immatérielle, esprit de vie, s'échappe, à l'heure de la mort, du corps, qui lui sert de prison, pour remonter au lieu d'où elle est descendue. Il ne serait même pas difficile de faire sortir des écrits de Philon l'immortalité conditionnelle. Quoiqu'il s'efforce de rattacher sa théorie au Mosaïsme, l'influence de Platon est évidente pour la forme aussi bien que pour le fond. — La doctrine de la résurrection des corps a une origine moins nette. Des raisons péremptoires permettent cependant d'affirmer qu'elle ne vient pas de la spéculation philosophique, qui ne s'est jamais développée spontanément chez les Juifs; elle ne dérive pas davantage de la théologie égyptienne, étrangère aux anciens Hébreux et à Philon lui-même; tout en ayant subi l'action des croyances persanes, elle ne leur a pas été purement et simplement empruntée. « Il faut nécessairement la rattacher aux croyan-
» ces apocalyptiques, dont elle est un postulat et dont elle
» est inséparable dans sa partie religieuse et dans sa for-
» mation historique ».

L'origine de la morale juive au contraire est absolument

hébraïque. Là se retrouve encore la même différence partout signalée entre les écoles juives de la Palestine et celles de l'Egypte. Sur quelques points l'accord existe : la nature morale de l'homme, le libre arbitre, la prédestination, sujet de violentes discussions dans les écoles pharisaïques, le péché originel que préciseront les écrits postérieurs à l'ère chrétienne, mais qui se montre déjà dans ses traits essentiels. L'accord cesse sur la détermination de la règle morale. En Palestine, c'est la loi mosaïque ; la jurisprudence englobe la morale. De cette tendance juridique sortent logiquement : l'automatisme moral, la valeur exagérée de l'acte, le particularisme, qui caractérisent si fortement la morale juive palestinienne, et contre lesquels luttèrent sans succès les écoles d'Abika et d'Hillel, en particulier. Très marquée par contre fut la tendance spiritualiste chez les Judéo-Alexandrins. Leur morale repose sur la purification de l'âme. La raison, la sagesse, voilà le législateur suprême. Elle revêt un caractère assez sensible d'ascétisme, si contraire à l'esprit juif. D'un autre côté, tout en maintenant la suprématie d'Israël, elle tend à l'universalisme, inconnu des Palestiniens. Evidemment la philosophie grecque et l'éloignement de la mère-patrie ont concouru à faire naître cette double tendance, propre aux Alexandrins.

En plaçant par cet ouvrage la théologie sur le terrain solide de l'histoire, loin de la discussion spéculative, Nicolas relevait, plus clairement qu'on ne l'avait fait jusqu'alors en France, l'action de la pensée humaine dans la formation des doctrines traditionnelles, que beaucoup estimaient, encore à ce moment, d'origine divine.

Mais cette première étude en appelait d'autres. L'évolution qu'elle nous décrit dans les idées juives, d'où part-elle ? Du mosaïsme. Qu'est-ce que le mosaïsme ? Quelles ont été ses destinées ? La réponse fut donnée dans un nouvel ouvrage publié l'année suivante [1]. Il est composé de

1. *Etudes critiqaes sur la Bible. Ancien Testament.* 1 vol. in-8°, Paris, Michel Lévy. 1867. — 2e Ed 1869.

quatre études, indépendantes en un sens, mais se suivant et se fortifiant réciproquement et toutes se rapportant au même sujet : le Mosaïsme.

Le Mosaïsme est renfermé dans le Pentateuque. Qu'est-ce que *le Pentateuque* ? L'un des résultats acquis de la critique, c'est que les cinq premiers livres de la Bible, qui forment le Pentateuque, ne sont pas de la main de Moïse. Tout au plus peut-on lui attribuer la première version du décalogue. Déjà, du temps de la Réforme, des doutes sérieux s'étaient élevés sur l'origine de ces documents. Ils se sont transformés, depuis, en certitude. La première partie de cette étude est un exposé critique des nombreux travaux qui, depuis Carlstadt, se sont succédés et ont établi le fait généralement admis aujourd'hui que le Pentateuque est une collection de fragments divers d'âge, de provenance, d'esprit et de caractère, dont quelques-uns même ont des titres spéciaux. A quelle époque ont-ils été écrits ? Par qui ? Quelle est la date de leur réunion ? Après avoir savamment discuté les innombrables solutions données, Nicolas s'attache à démontrer sa propre hypothèse.

Elle s'appuie sur la distinction, dès longtemps signalée, entre les documents élohistes et jéhovistes. Pour désigner Dieu, certaines parties du Pentateuque se servent du mot Elohim, d'autres emploient le terme de Jéhovah. Dans chacune d'elles, l'un de ces vocables est exclusif de l'autre. Or, c'est un principe reçu dans l'histoire des religions anciennes, qu'à chaque dénomination correspond une conception particulière de la divinité, *nùmina nomina*. Elohim et Jéhovah représentent donc deux formes distinctes de la religion hébraïque. Elles ont été toujours opposées l'une à l'autre. L'Elohisme est un monothéisme plus simple plus antique, le Jéhovisme est une conception plus spiritualiste, expression plus pure et plus vraie du Mosaïsme. Cette différence persistante permet de déterminer l'âge plus ou moins reculé des différents fragments, le mode et l'époque de leur réunion, qui est plutôt une juxtaposition qu'un remaniement. Elle n'est pas antérieure au retour de la captivité de Babylone. Alors seulement la lutte entre les deux conceptions religieuses rivales avait cessé et les juifs ne connaissaient plus que le Mosaïsme.

Après l'étude du contenant, celle du contenu : les *Principes généraux du Mosaïsme.* Malgré certains emprunts incontestables à la civilisation égyptienne [1], la législation mosaïque porte un cachet évident d'originalité. Elle est entièrement nouvelle dans ses deux principes essentiels : le Jéhovisme et la Théocratie. D'une analyse ingénieuse des textes et d'une discussion serrée des diverses opinions émises, il ressort que la nouvelle désignation de Dieu par le terme de Jéhovah, ainsi que la conception du divin qu'il marque, sont les traits caractéristiques du Mosaïsme. Elohim représente Dieu en tant que puissance supérieure seulement, Jéhovah le donne comme l'être existant par lui-même, différent par essence du reste des êtres, absolu. C'est là le progrès que Moïse fit accomplir à la religion primitive d'Israël et qui transforme le monothéisme spontané en monothéisme réfléchi. Cette conception a été le produit du génie propre au peuple d'Israël, comme elle est devenue la base inébranlable de sa vie morale et de sa vie sociale. Car Jéhovah n'est pas seulement son Dieu, mais il est aussi son roi. A ce point de vue l'établissement de la royauté fut la négation radicale du principe fondamental du Mosaïsme. Il est en effet une théocratie pure. Dieu seul règne et gouverne. De ce principe découlent toutes les institutions mosaïques, dont l'exposé critique termine cette seconde étude.

Tout en se rattachant aux traditions patriarcales, le Mosaïsme apporte des changements considérables dans l'existence des Hébreux. De ces tribus nomades, il fait un peuple sédentaire. Ce ne fut pas sans difficulté ni résistance. Durant cette évolution sociale, dont il fut le promoteur et l'agent, que devint le Mosaïsme ? Cette question, que les historiens du peuple juif ne s'étaient pas encore posée, Nicolas essaie d'y répondre dans la troisième étude : *Du*

1. L'arche sainte, la prohibition de certains aliments, la désignation des jours de la semaine, certaines pratiques du deuil, les sacrifices de substitution, etc.

Mosaïsme depuis la mort de Josué jusqu'aux derniers temps de la monarchie. On est frappé par un fait singulier, qui n'avait jamais été aussi nettement mis en lumière. Pendant ces dix siècles, ni la vie sociale, ni la vie religieuse des Hébreux ne portent trace de la législation mosaïque. Son influence se fait sentir seulement sur l'organisation matérielle du culte. Cet effacement séculaire ne provient ni de l'incrédulité du peuple, — car il s'agit ici non de lois violées, mais de lois ignorées, — ni de l'origine relativemen récente du système mosaïque. Il s'explique par cette contsidération historique que « depuis Moïse jusqu'aux der-
» niers temps de la monarchie, il y eut en Israël deux par-
» tis religieux, deux églises, celle de la majorité, qui n'é-
» tait que l'ancien monothéisme patriarcal défiguré par des
» pratiques idolâtriques et celle de la minorité, qui était le
» résultat de la réforme mosaïque. » Longtemps vaincue, cette dernière finit par l'emporter, grâce à l'appui de quelques rois qui partageaient ses croyances, et au spiritualisme énergique des prophètes.

Qu'étaient les *Prophètes* ? Par ses appréciations très personnelles, la quatrième étude est une monographie remarquable sur ce sujet. Parallèle entre la prophétie payenne et la prophétie juive, nature du prophétisme hébreu, successeur légitime et défenseur du Mosaïsme, sa supériorité sans rivale, ses destinées, sa prédication s'élevant vers une conception toujours plus pure des vérités éternelles et arrivant presque aux confins du Christianisme, tout en donnant un relief singulier aux espérances messianiques : tous ces points, beaucoup moins étudiés alors qu'aujourd'hui, sont l'objet de développements étendus et de conclusions nouvelles, dont quelques-unes sont demeurées définitives.

Depuis que cet ouvrage a paru les études de philologie sémitique ont fort progressé, et la critique a modifié quelques-unes des idées émises par Nicolas, en ce qui concerne en particulier le Pentateuque et le document élohiste [1]. Ce qui ne vieillira pas, c'est l'analyse exacte et fine des docu-

1. M. Welhausen entre autres semble bien avoir raison de le considérer comme la partie la plus récente et non la plus ancienne du Pentateuque.

ments, l'abondance des informations, la réfutation victorieuse de quelques hypothèses acceptées jusqu'alors et des faits nouveaux qui ont éclairé certains points obscurs.

Ce qu'il avait fait pour l'Ancien-Testament, Nicolas le fit deux ans après pour le Nouveau. Dans un volume plein de savoir et d'intérêt il examine quelques-unes des questions les plus difficiles et les plus délicates de la critique moderne [1]. Sans prétendre offrir un tableau complet de la littérature et des idées de l'Église primitive, il a choisi les trois sujets les plus propres à présenter une vue d'ensemble, et en même temps les plus importants : *Les Évangiles, le Christianisme des apôtres, la Formation du Canon.*

Après des considérations générales sur le caractère des Évangiles, écrits privés d'abord, remaniés ensuite sans scrupule, datant au plus tard de la seconde moitié du second siècle, — les trois premiers du moins, — le problème des Synoptiques est abordé. Si ressemblants qu'ils paraissent les rameaux divers d'une même branche, suivant le mot de de Wette, d'un autre côté les trois premiers Évangiles diffèrent en de nombreux détails. A quelle cause attribuer cette simultanéité de ressemblance, allant parfois jusqu'à l'identité, et de différence, arrivant parfois jusqu'à la contradiction formelle ? Voilà le problème capital des Synoptiques. Que d'hypothèses n'a-t-il pas fait surgir, qui formeraient un curieux chapitre de l'histoire des travaux bibliques ! Elles peuvent se classer en quelques grandes catégories : 1° Le premier évangile aurait servi de modèle aux deux autres ; 2° ils seraient tous la combinaison d'écrits antérieurs ; 3° ou les transformations diverses d'un évangile primitif ; 4° ou la fixation variée de la tradition orale. Ces hypothèses principales et leurs nombreux sous-multiples ne résistent pas à la critique. L'origine des Synoptiques est ailleurs. Des faits historiques certains prouvent qu'aucun des trois premiers Évangiles n'est primitif, mais que, composés d'après des documents écrits repro-

1, *Études critiques sur la Bible. Nouveau-Testament.* — In-8°, Michel Lévy, Paris. 1863.

duisant la tradition orale, ils constituent, pour ainsi dire, la troisième phase de la littérature primitive du Christianisme et restent l'expression la plus vraie du Christianisme apostolique.

L'Évangile de Jean soulève une question non moins difficile. Par sa partie historique, par le fonds dogmatique, par la langue, par la physionomie générale, il se distingue essentiellement des autres. Irréductibles sont les divergences. Comment expliquer qu'un apôtre ait pu comprendre et exposer l'enseignement du Maître commun d'une façon si différente et qui rappelle en bien des points les évangiles gnostiques, ne fut-ce que par les mots techniques et les titres éclatants de *Plénitude de la Divinité*, *Lumière*, *Vie*, *Premier né*, *Verbe?* Les diverses solutions données jusqu'alors sacrifiaient à tort, les unes l'élément apostolique manifeste, les autres l'élément gnostique non moins évident. Nicolas nous parait avoir le premier proposé une explication fort plausible, appuyée sur des considérations fort justes et qui tient compte des deux faces de la question. Il pense que l'Évangile *selon* saint Jean mériterait réellement ce titre. L'auteur direct n'en serait pas Jean, mais l'un de ses disciples et successeurs immédiats. Jean le Presbytre, dont le nom se retrouve en tête de deux des épîtres attribuées à Jean l'apôtre, aurait écrit et rédigé ce qu'il avait appris du disciple immédiat de Jésus. Élevé au milieu des philosophies, ou mieux des théosophies répandues dans l'Asie-Mineure, ce disciple aurait reproduit dans son langage à lui, tout empreint de formules gnostiques, l'enseignement et le mysticisme exalté de son maître.

Mais les questions d'origine et d'authenticité ne sont pas les seules que soulève l'étude attentive des livres du Nouveau-Testament. Elle révèle un fait, généralement accepté de nos jours, mais qui a beaucoup troublé et fort embarrassé les docteurs anciens, l'Église et certaine classe de théologiens modernes, pour lesquels les apôtres étaient les organes choisis du Saint-Esprit. L'enseignement de Jésus fut compris de deux façons très différentes par ses apôtres. Les uns ont tenu la doctrine nouvelle pour une simple réforme du Judaïsme et sont restés à demi-juifs. Les autres l'ont entendu dans un sens plus élevé et considéré comme la religion universelle. Pierre et Jacques d'un côté, Paul de l'autre, personnifient ces deux points de vue.

Au lieu et place d'hypothèses ruinées par les faits et toutes incomplètes du reste, Nicolas donne une explication psychologique fort naturelle de ces deux types, différents jusqu'à l'opposition, de la théologie apostolique. Ils sont le résultat d'une éducation religieuse différente et la continuation de l'opposition qui existait dans le Judaïsme entre les Juifs palestiniens et les Juifs de la dispersion. « Le » Christianisme universaliste, avec la métaphysique reli- » gieuse qui l'accompagne, aussi bien dans les épitres de » Paul que dans le quatrième évangile, n'est pas autre » chose que l'enseignement de Jésus vu à travers la cul- » ture alexandrine, et le Christianisme judaïsant, peu abs- » trait, quelque peu formaliste et d'un esprit essentielle- » ment pratique, en est ce qu'on pourrait appeler une tra- » duction palestinienne ». Entre les deux un parti moyen se forma, que Nicolas, à l'encontre de M. Reuss et de quelques allemands, estime avoir été contemporain de la lutte des deux conceptions extrêmes, lutte dont le Nouveau-Testament et la littérature du premier et du second siècles ont conservé des traces positives. L'exposé analytique et critique de la théologie particulière de chacun de nos écrivains apostoliques vient à l'appui de ces conclusions, complète et termine l'étude sur *Le Christianisme des Apôtres*.

L'histoire de *La Formation du canon du Nouveau-Testament* ne saurait être analysée. C'est un précis complet dans sa concision, exact, méthodique, richement documenté sur les causes et les principes qui ont amené la réunion d'écrits indépendants les uns des autres à l'origine, et sur les destinées de ces livres. Ce travail conserve toute sa valeur et sera toujours consulté avec fruit, même après la magistrale exposition de cette histoire par M. Reuss.

Sous le titre d'*Essais de philosophie et d'Histoire reli-*

gieuse, Nicolas publiait la même année, en un volume, un certain nombre d'articles parus dans divers journaux ou revues [1]. Consacré tout entier à la religion ou à la philosophie de la religion, ce volume s'ouvre par une préface remarquable, où la distinction capitale entre le dogme et la religion est tracée de main de maître. Il y a vingt-cinq ans ce n'était pas une banalité vulgaire. Je ne pourrais mieux le faire apprécier qu'en reproduisant quelques lignes du jugement porté sur cette publication par un homme de grande valeur, M. Nefftzer : « M. Michel Nicolas vient de » réunir en un volume un ensemble d'études sur des sujets » divers, mais qui se rattachent tous à la grande idée de la » liberté religieuse... En voici les titres : *De la théocra-* » *tie*, — *Du génie moral de la Grèce antique*, — *La réac-* » *tion payenne dans la seconde moitié de l'ère chrétienne*, » — *De la préexistence de l'âme*, — *De la liberté de con-* » *science*, — *Le conte des trois anneaux*, — *De la critique* » *biblique*, — *Des antécédents du Christianisme*. Nous » reviendrons sur ce volume, mais nous voulons tout d'a- » bord en signaler la préface, qui formule avec une rare » netteté une idée dont le triomphe importe au plus haut » point au progrès de la liberté religieuse : la distinction » entre le dogme et le sentiment religieux. Cette idée » féconde n'est pas une conception arbitraire de notre col- » laborateur ; elle s'impose à tous les esprits réfléchis, » comme le résultat nécessaire des travaux de la critique » moderne sur les religions en général et sur le Christia- » nisme en particulier. Mais elle se présente ici avec la cer- » titude, l'ampleur et la précision qui distinguent une » pensée parfaitement sûre d'elle-même et maîtresse de » son sujet. Nous n'hésitons pas à signaler ces pages » comme un des morceaux qui font le plus d'honneur à la » science et à la philosophie de notre temps [2] ». L'éloge n'est vraiment pas excessif.

Cependant Nicolas continuait ses recherches et ses étu-

1. 1 vol. in-8°, Michel Lévy. Paris. 1863.
2. *Le Temps*. 1er avril 1863.

des sur les transformations de la pensée chrétienne. A côté de la théorie chrétienne qui a triomphé et que l'on pourrait appeler le Christianisme officiel persistaient d'autres croyances, adoptées dans un certain nombre de communautés, ou qui furent pendant un temps plus ou moins long la foi populaire. S'imposant par là à l'attention de l'historien du Christianisme primitif, quoiqu'elles aient été écartées par la marche des évènements, comme incapables de réaliser l'idéal chrétien, elles rentraient dans le cadre des études entreprises par Nicolas, qui leur a consacré un savant volume, ainsi qu'aux documents où elles sont formulées [1]. L'expression de ces croyances se trouve en effet dans une catégorie particulière d'écrits, formant toute une littérature d'un usage aussi général en son temps que la littérature canonique, plus tard trop dédaignée et qui a été pendant quatorze cents ans la nourriture du peuple chrétien. Provoquée par le fourmillement d'idées et de théories philosophiques qui caractérisent la fin de l'ancien monde, cette littérature exprime les différentes conceptions du Christianisme dans les différents milieux intellectuels, où il se trouva placé dès sa naissance. Chaque secte philosophique en prit ce qui correspondait à ses besoins ou à son système. Chacune eut son évangile destiné à légitimer sa foi. Lorsque, sous le nom d'Église universelle ou catholique, les communautés chrétiennes s'unirent dans une sorte de confédération pour résister à l'envahissement des sectes théosophiques, elles repoussèrent tous ces écrits en usage chez les hérétiques. Ils reçurent le nom, fort impropre du reste, d'apocryphes [2].

On peut diviser les évangiles apocryphes en trois classes, qui sont étudiées chacune successivement dans son caractère, son origine et son contenu : 1° Les Évangiles judaïsants ; 2° les Evangiles anti-judaïsants ; 3° les Evangiles

1. *Les Évangiles apocryphes*, 1 vol. in-8° Michel Lévy. Paris. 1866.

2. Attribuées aux apôtres ou à des docteurs en renom, suivant un usage très fréquent alors, pour leur donner de l'autorité, ces élucubrations, mystiques ou sectaires, étaient cependant moins le produit d'une fraude pieuse, dans le sens propre du mot, que le fruit de croyances religieuses exaltées.

orthodoxes. L'Eglise catholique semble avoir détruit systématiquement les apocryphes hérétiques, qui constituaient pour elle un danger permanent. Nous avons été ainsi privés de ressources précieuses pour l'histoire du Christianisme primitif. Elle a été plus clémente pour les évangiles orthodoxes. Ces derniers, étrangers à tout esprit de secte, simple écho de la foi ou plutôt des superstitions populaires, formant, pour ainsi dire, le premier chapitre de la Légende des Saints, ont toujours été en faveur. Leur influence sur les origines de l'art et la littérature du moyen-âge est incontestable. L'Église a adopté quelques-unes de leurs légendes. On les emploie dans le culte en Orient ; ils sont souvent cités par les écrivains ecclésiastiques. Le culte, la liturgie, les dogmes catholiques en ont reçu une empreinte évidente.

Ces évangiles apocryphes sont sans doute d'un caractère peu élevé ; chez eux la vulgarité des conceptions s'allie à la superstition la plus puérile. Cependant, au point de vue de l'histoire des idées chrétiennes, ils présentent un réel intérêt. C'est ce qui en fait la valeur et légitime en même temps l'étude de tous points remarquable que Nicolas leur a consacrée. Sauf quelques pages brillantes et rapides de M. de Pressensé dans sa vie de Jésus [1], elle est le seul travail spécial, si je ne me trompe, que nous possédions dans notre langue sur ce sujet.

L'essai historique sur *Le Symbole des Apôtres*, publié après les Apocryphes, n'est pas un écrit de circonstance, quoiqu'il ait paru au moment même où le Credo était l'objet d'ardentes discussions dans le monde protestant. Ni l'intérêt momentané d'une controverse actuelle , ni le désir de jeter le poids de son autorité scientifique dans la balance des partis ne poussèrent Nicolas à cette publication. Il faisait œuvre de science désintéressée et non de polémique

1. *Jésus-Christ, son temps, sa vie, son œuvre*. P. 170 et suiv. Paris. 1866.
2. *Le Symbole des Apôtres. Essai historique.* — 1 vol. in-8°. Michel Lévy, Paris. 1867.

contemporaine. L'histoire critique du Symbole continue la série de ses travaux sur le Christianisme des premiers siècles; elle en est le dernier terme.

La préface suffit à elle seule pour faire comprendre le lien qui rattache ce dernier venu à ses aînés. En quelques pages rapides et substantielles, dans lesquelles se pressent les faits significatifs, elle décrit la situation ecclésiastique du temps, les besoins pressants, les imminents dangers, d'où sortirent, par la force même des choses, l'union des communautés chrétiennes, la hiérarchie sacerdotale, la suprématie de l'évêque, la notion de l'unité de l'Église, et, conséquence forcée, les *Regula fidei*, les confessions de foi ou symboles. C'est en quelque sorte le prolongement extrême du mouvement d'idées qui avait produit les apocryphes, et qui poussa les premiers chrétiens à se constituer en association, aux destinées ultérieures si brillantes.

Règles de foi, canon de la vérité, symboles des conciles, ces formulaires, qui diffèrent par la forme plutôt que par le fonds, témoignent de l'état des croyances de leur temps. Ils ont été assez nombreux. Toutefois, avant le Symbole du concile de Nicée, un seul a été revêtu d'un caractère officiel. C'est le Symbole des Apôtres. L'*Essai historique* en raconte la genèse et met en relief la lente et successive formation de ses divers articles. Après avoir établi, par des arguments critiques et historiques, que la tradition catholique, l'attribuant aux Apôtres eux-mêmes, n'a pas de bases sérieuses, la première partie montre que, bien loin d'être l'œuvre des Apôtres, le Symbole, qui porte leur nom, n'est même rien moins qu'un résumé de leur enseignement. Les origines réelles de ce formulaire sont retracées dans la seconde partie. Le point de départ en est la formule qui servait de profession de foi aux catéchumènes vers la fin du second siècle ou au commencement du troisième. Les articles ajoutés à cette profession de foi furent empruntés aux *Regula fidei* de Tertullien, par opposition aux hérésies régnantes. Les diverses transformations du Symbole et l'histoire particulière de chaque article forment la matière de la troisième et de la quatrième partie, qui auraient peut-être pu être fondues ensemble. Sous la pression des circonstances un lent travail de révision et d'accroissements successifs s'opère, dès la seconde moitié du troisième siècle. Il produit les Symboles usités à la fin du quatrième siècle, déjà différents du Symbole de l'Église copte et des *Constitutions apostoliques*, les plus anciennes formes du Credo que nous connaissions. Siècle après siècle, à la formule primitive fort simple l'Église ajoute un article nouveau pour combattre l'hérésie du jour et affirmer la croyance officielle, la vérité orthodoxe. Le sixième siècle retouche encore certains articles et en ajoute deux. Ainsi, par sa lente formation, le Symbole des Apôtres côtoie l'histoire des dogmes chrétiens pendant les six premiers siècles. Ce qui le recommande donc tout d'abord à l'attention de l'historien, c'est d'avoir été une barrière opposée à la poussée hardie et puissante des hérésies, et surtout « d'avoir été, pendant trois cents ans au moins, un » formulaire ouvert dans lequel on inscrivait successive- » ment les croyances catholiques, à mesure que, sous la » pression du moment ou de l'esprit du temps, elles sor- » taient, comme des conséquences plus ou moins logique- » ment nécessaires, des croyances antérieures ». Il est en résumé l'image et l'expression d'un long développement très important subi par l'idée chrétienne primitive.

On ne saurait donc s'étonner qu'il ait fait l'objet de nombreux travaux. Les premières réserves soulevées à propos de son origine apostolique datent des Humanistes de la Renaissance. Depuis lors jusqu'à nos jours on n'a pas cessé de s'en occuper. L'*Essai historique* de Nicolas, reprenant ce sujet dans ses détails, avec des lumières et des appréciations nouvelles, des faits mieux constatés ou mieux compris, est une œuvre personnelle et originale. Il est permis de le tenir pour un travail critique définitif sur cette question.

Cette dernière publication termine et couronne l'œuvre théologique de Nicolas [1]. On voit qu'une même idée di-

1. Pour être complet, il aurait fallu énumérer et analyser les nombreux articles fournis par Nicolas aux diverses publications périodiques religieuses ou philosophiques.

rectrice a inspiré ces études successives. Elles forment un cycle de travaux qui pourraient être réunis sous ce premier titre général : *Histoire du développement et des transformations du principe chrétien pendant les six premiers siècles.* Nicolas en effet en cherche les antécédents, les saisit dans le Judaïsme, fils lui-même du Mosaïsme, en constate l'évolution sous le travail naturel de la pensée, l'effort de la civilisation, et l'influence de la philosophie ancienne. Il le quitte, lorsque, vers le sixième siècle, l'idée chrétienne a reçu sa forme définitive, pour une longue période du moins, avec l'organisation de la hiérarchie sacerdotale et l'établissement d'une autorité ecclésiastique qui en arrête la marche. Sous la forme et avec les moyens de la critique, c'est une véritable philosophie de l'histoire des croyances chrétiennes.

Bien loin de paraître des nouveautés choquantes, aujourd'hui la plupart des idées émises ou des conclusions adoptées par Nicolas sont tombées dans le domaine commun. L'hérésie de hier est devenue presque la vérité du jour. Rien ne prouve mieux le progrès inconscient, mais régulier, fatal des croyances et l'instabilité des orthodoxies. Affirmations ou conclusions très hardies, il y a une trentaine d'années, elles étaient bien peu répandues en dehors du petit groupe des savants spécialistes ou de quelques théologiens protestants. L'Allemagne possédait déjà une riche littérature sur ces matières, que la France ignorait encore l'existence même des problèmes soulevés. C'est tout un monde nouveau que Nicolas révélait. Il a eu le double mérite de traduire en français les résultats de la science allemande et, en les traduisant, de les compléter. D'un côté, par une exposition claire et lucide, il les rend accessibles au grand public sous une forme attrayante et compréhensible, qui ne diminue en rien la valeur scientifique de son œuvre. De l'autre, en les révisant ou en les modifiant par des recherches personnelles et des conclusions nouvelles et légitimées, il fait preuve d'une science rare ainsi que de l'étendue et de la puissance d'un talent original. Vulgarisateur, il est aussi de la race des savants.

L'ŒUVRE HISTORIQUE.

Dès les commencements de sa carrière, l'histoire eut un grand attrait pour Nicolas, comme elle fut sa dernière passion. Ce goût était la conséquence naturelle de son tempérament intellectuel, pratique, ennemi de la spéculation subtile. En lui la spéculation cherchait toujours à s'appuyer sur le fait, sur le document scientifique ou humain.

Il débuta, comme historien, par la biographie du conventionnel Jean-Bon Saint-André, ancien pasteur à Castres et à Montauban [1].

Œuvre de patiente érudition, qui a coûté des années de recherches et d'études, *l'Histoire littéraire de Nîmes* [2] est une publication plus importante et qui annonçait déjà tout ce que l'on pouvait attendre de ce perspicace et laborieux chercheur. En guise d'introduction, un exposé animé et développé de la part importante prise par la ville de Nîmes au mouvement littéraire et scientifique dans notre patrie, grâce à ses écoles, ses collèges, son Académie protestante et son Académie littéraire qui en ont fait, depuis les Romains, un foyer de vie intellectuelle; puis la revue de plus de trois cents écrivains originaires de cette ville et des environs, voilà la riche matière de ces trois volumes. Il est permis de le dire, la plupart de ces gloires de clocher n'ont guère de titres à la gloire et à l'immortalité, une ballade, une complainte, une chanson conservée dans les traditions du pays, un discours à l'Académie. Ce qu'il a fallu de patience, de soins, de livres compulsés, de registres feuilletés pour retrouver le nom, l'état-civil, quelques lignes ou quelques vers d'un obscur personnage de cette curieuse galerie est vraiment effrayant. Qu'il ne se soit pas glissé des erreurs

1. *Jean-Bon Saint-André.* — Sa vie et ses écrits mis en ordre et publiés par Michel Nicolas, in-12. Paris, au Comptoir des Imprimeurs réunis. Montauban, Rethoré, libraire-éditeur. 1848.

2. *Histoire littéraire de Nîmes et des localités voisines qui forment actuellement le département du Gard,* par *Michel Nicolas.* — 3 vol, in-12. — Ballivet et Fabre, imprimeurs. 1854.

dans ce travail énorme tout ensemble et minutieux, c'eût été merveille. Il paraît, en effet, qu'il s'y en trouve quelques-unes et le premier qui les a découvertes, c'est... l'auteur lui-même. Soucieux au plus haut degré de l'exactitude et de la vérité, Nicolas se corrigeait et se contrôlait constamment. Il estimait que reconnaître ses erreurs est le premier devoir du savant. Cette modestie et cette probité scientifique sont-elles communes ? Dans tous les cas, elles ne sont pas sans un certain mérite et légitiment l'autorité et la confiance dont Nicolas jouissait.

Les études et les recherches historiques étaient sa distraction, son vrai repos durant ses grands travaux de philosophie et de critique religieuse. C'est ainsi qu'il les appréciait lui-même. Il avait le flair nécessaire aux investigations, la passion de l'exactitude poussée jusqu'à la minutie, la patience obstinée. Grâce à lui, l'histoire du protestantisme français s'est éclairée en bien des points obscurs.

Nulle autre partie de notre histoire n'était plus négligée et n'était moins connue que celle qui concerne l'instruction dans notre ancienne église [1]. Est-ce parce qu'on ne se rendait pas compte du rôle considérable qu'ont joué les établissements d'instruction dans les destinées du protestantisme français ? Est-ce parce que les documents paraissaient perdus ou introuvables ? Ces deux causes peut-être, à coup sûr l'intérêt absorbant des années tragiques avaient contribué à détourner des choses de l'enseignement les recherches et l'attention. On connaissait l'existence des Académies et des Collèges, mais on n'avait sur eux que les quelques indications recueillies dans Elie Benoit. Persuadé qu'on n'en pouvait pas savoir davantage, on ne faisait pas effort.

Le premier, portant son attention sur ce point si important dans la vie du protestantisme d'autrefois, Nicolas en donne une vue d'ensemble, formant le cadre d'une vérita-

1. *Bulletin de la Société de l'Histoire du Protestantisme français.* — Vol. I, 1853. P. 301.

ble histoire suivie, que l'absence de documents suffisants a rendue jusqu'à présent impossible [1]. Divisée en trois parties, cette esquisse historique présente les faits principaux relatifs à l'établissement des anciennes académies protestantes, leurs règlements sur les études, la discipline, l'enseignement, les élèves et les professeurs; en quelques traits significatifs, elle caractérise brièvement les diverses tendances de chacune d'elles, et la part qu'elles prirent, surtout celles de Saumur, Sedan et Montauban, aux discussions de l'époque, Saumur à l'avant-garde, Sedan à l'extrême droite, Montauban gardant une position moyenne entre les partis extrêmes. Ces quelques pages forment ainsi une histoire abrégée du mouvement littéraire et théologique parmi les protestants français au XVIIe siècle.

Une seconde étude sur les *Écoles primaires et les Collèges chez les protestants français avant la Révocation de l'Édit de Nantes* [2] suivit de près, complétant dans ses grandes lignes, le tableau de l'enseignement à tous les degrés dans l'ancienne église protestante. Pour les écoles primaires et l'enseignement classique l'entreprise était encore plus laborieuse. Moins nombreux pour les collèges que pour les académies, les documents sont encore plus rares pour les écoles. Cela se comprend. L'humble position de ces dernières a dû les tenir dans l'ombre; par leur action sur la vie des églises et par l'éclat de leur enseignement les universités ont attiré l'attention et ont été mises en lumière. Si incomplets que Nicolas, avec sa réserve et sa modestie ordinaires, déclare les renseignements qu'il a recueillis et les faits qu'il a groupés, cette esquisse, faite avec exactitude, très méthodiquement, avec un sens historique très fin, donne une image nette et vivante de la vie scolaire parmi nos ancêtres religieux. Pages sans prétentions, offertes au public comme de simples notes mises en ordre, mais précieuses par leurs richesses d'information,

1. *Bulletin de la Société de l'Histoire du Protestantisme Français*. Vol. II, 1854. P. 43, 155, 320.
2. *Bulletin de la Société de l'Histoire du Protestantisme Français.* Vol. IV, 1856. P. 497, 582.

elles sauvent de l'oubli tout un côté fort important de l'activité religieuse et pratique des protestants d'autrefois. Il est le moins connu, mais non le moins digne d'être relevé et mis à l'actif de leur zèle, de leur foi, de leur dévouement. N'est-ce pas celui par lequel ils ont fortifié et maintenu leur puissante vitalité, et, devançant leur siècle, se montrent les précurseurs du grand courant contemporain vers les choses de l'instruction, qu'ils avaient faite gratuite et, autant qu'il leur était possible, obligatoire.

Ces recherches actives, ininterrompues, qui l'ont fait pénétrer si avant dans l'histoire du protestantisme et lui en ont donné une connaissance si précise et si étendue, tout en embrassant le champ entier de cette histoire, visaient, surtout depuis quelques années, un but plus particulier. Nicolas voulait couronner sa longue carrière de professeur à la Faculté de Montauban par l'histoire de l'ancienne Académie de cette église. Dès longtemps ce projet l'avait attiré et çà a été, vers la fin de sa vie universitaire, son œuvre de prédilection. Avec quel soin, quelle patience, quel labeur fastidieux pour tout autre, il en a réuni sans bruit les nombreux éléments! On ne saurait, à la simple lecture, se faire une idée approximative du temps et du travail qu'elle a coûtés. Tel fait secondaire, telle date, moins encore, simplement l'orthographe d'un nom propre représentent des heures, des journées d'investigations. Pour qui a connu l'amour de l'exactitude, la passion de l'authentique dont l'historien de l'ancienne académie montalbanaise était possédé, il n'y a là rien de surprenant. Les registres des anciens notaires, ceux de l'état-civil, les archives de la Mairie et de la Préfecture ont été fouillés par lui page après page. Une partie de ses vacances à été régulièrement consacrée pendant plusieurs années aux recherches faites dans les manuscrits, et les recueil d'actes officiels des Archives Nationales et des diverses bibliothèques de Paris. Les archives et les bibliothèques étrangères, en particulier celles de Genève, d'Angleterre, de Suède et de Hollande, ont été explorées. Si l'on avait voulu publier tous les faits, tous les noms, tous les détails découverts et recueillis, un volume n'aurait pas suffi.

De tout ce long travail il est sorti un ouvrage réduit aux faits principaux les plus caractéristiques, bien ordonné, clair, sobre de style, abondant en renseignements et en appréciations justes, parfaitement documenté et qui a épuisé la matière. C'est l'*Histoire de l'ancienne Académie de Montauban* [1]. Il est de trop récente date pour qu'il soit utile de s'y arrêter ici. Les compte-rendus élogieux, sinon le livre lui-même, ne sont pas oubliés. J'en rappellerai seulement la disposition générale.

La première partie retrace la vie intérieure et l'histoire de l'Académie. Elle est divisée en trois chapitres. Au moyen de détails abondants et précis, coordonnés d'après l'idée générale et en vue du but proposé, ils exposent l'organisation de l'université, les matières de l'enseignement, le mode de nomination des professeurs, la discipline scolaire et les rapports avec les synodes. A la vie intérieure succède la vie extérieure, le récit attachant des destinées tourmentées de l'Académie, qui, ouverte en 1600, brille bientôt d'un vif éclat par la supériorité de ses professeurs, végète pendant les troubles religieux, se relève vers 1644, retrouve une ère imprévue de prospérité pendant les vingt-cinq années d'exil à Puylaurens, jusqu'au jour où elle est supprimée par l'arrêt du Conseil du roi, le 5 mars 1685. Tout un chapitre, et non le moins curieux, est consacré à l'activité théologique de l'Académie, à la caractéristique de ses professeurs successifs, à l'appréciation de l'esprit et de la tendance générale de son enseignement. On était calviniste à Montauban, avec plus de fidélité qu'à Saumur et moins de rigueur qu'à Sedan. Le sens pratique adoucit ici ce qu'il y a d'âpre et de rude dans la doctrine de Calvin et la dépouille de son caractère spéculatif au profit de la piété. On y professe « une théologie de modération. » Telle était, du reste, la tendance moyenne de la grande majorité des églises de France au XVIIe siècle.

1. *Histoire de l'ancienne Académie de Montauban* (1598-1659) *et de Puylaurens* (1660-1685). — 1 vol. in-8°, Forestié — Montauban. 1885.

Soit à Montauban, soit à Puylaurens ont enseigné, quatorze professeurs de théologie, cinq professeurs d'hébreu, sept de philosophie, deux de grec, trois de médecine ou de droit [1]. Quelques-uns sont sortis de pair et ont compté parmi les esprits les plus distingués de leur église ; mais beaucoup d'autres, malgré leur valeur réelle, sont peu ou point connus. Dans cette seconde partie, l'histoire de l'Académie se transforme et devient l'histoire particulière de chacun de ses professeurs, dont la biographie est faite et la vie littéraire ou scientifique décrite et appréciée en des articles spéciaux, constituant un travail en grande partie tout nouveau.

Absolument nouvelle est la troisième partie qui s'occupe des étudiants. Elle offre plus qu'un catalogue de noms propres. De courtes notices biographiques signalent ceux de ces étudiants qui ont peu ou prou émergé de la foule, produit une œuvre quelconque, illustré leur nom en quelque mesure. Puis viennent les obscurs, la liste de tous les étudiants dont les noms ont été conservés dans les actes de l'état-civil, dans les registres des notaires ou dont les thèses existent encore, et qui sont passés à l'Académie de 1600 à 1685. Cette liste n'est pas complète assurément. Elle ne pourra l'être que lorsqu'on aura dépouillé les procès-verbaux des synodes provinciaux, devant lesquels les candidats venaient présenter leurs examens d'admission. L'auteur a recueilli du reste beaucoup d'autres noms. Il ne les a pas mentionnés, soit parce que les renseignements exacts faisaient défaut, soit pour ne pas allonger la liste outre mesure. Telle quelle, elle contient cependant encore environ cinq cents noms d'étudiants, avec quelques détails pour un grand nombre, et tout au moins la date de la naissance et de la mort pour la plupart. Le *Livre du Recteur de l'A-*

1. Les Synodes avaient décidé que les Académies de Saumur et de Montauban seraient établies sur le plan des Universités de l'Etat, afin de pouvoir conférer les titres de maître-ès-arts, de docteur en droit, de docteur en médecine. Les temps difficiles, qui commencèrent vers 1621 pour l'Académie de Montauban, l'obligèrent à se réduire à ce qui était le plus nécessaire pour les Églises, l'enseignement de la théologie.

cadémie de Montauban a été ainsi en parti reconstitué par un vrai travail de bénédictin.

Avec l'*Histoire de l'ancienne Académie de Montauban* finit l'activité scientifique de Nicolas. Tout heureux d'avoir mené à bonne fin ce long travail aimé, il a pu dire : *Exegi monumentum*. Le premier exemplaire lui en était remis peu de temps avant la première atteinte imprévue du mal, qui allait l'emporter après un long et douloureux affaissement. Brusquemement arrêté, en pleine possession de ses forces et de ses facultés, il n'a pu utiliser lui-même la quantité considérable de notes et de renseignements qu'il avait accumulés au cours de ses nombreuses et intelligentes recherches, et dont il n'est pas encore possible d'apprécier la quantité , ni la valeur , de vraies richesses à mettre en œuvre. Une partie demeure, pour un temps du moins, dans la famille ; l'autre, la plus considérable, a été léguée à la Bibliothèque de l'Histoire du Protestantisme français. La collection des papiers de Nicolas renferme les éléments nécessaires de toute histoire des Églises réformées de France, qui voudra être sérieuse, exacte, complète.

Quelle belle et utile carrière d'infatigable travailleur, de savant sincère, passionné pour le vrai, puissant par l'érudition tout ensemble et les conceptions personnelles et originales ! Elle laissera une empreinte durable et sa trace restera dans l'histoire de la théologie protestante française au XIXe siècle. Les quelques pages qui précèdent n'ont pu faire apprécier à leur juste valeur les travaux de ce puissant esprit. Elles n'en donnent que le sec argument, le squelette pour mieux dire.

L'étude de l'œuvre elle-même, faite sur pièces, ne peut qu'inspirer un sentiment de grand respect et de grande estime pour le labeur intense et la rare distinction intellectuelle dont cette œuvre est le résultat. Nicolas a été le successeur de ces savants et désintéressés érudits qui avaient établi et répandu au loin la réputation de nos anciennes académies protestantes. Intelligence ferme et claire, ennemie des subtilités de la pensée comme des écarts de l'imagination, esprit compréhensif et très individuel, d'une grande force de conception, servi par des études très approfondies dans les domaines les plus divers, langues ou littératures orientales, philosophie allemande, littérature religieuse des protestants français à toutes les époques, théologie, sciences, physiques, mathématiques, Nicolas avait tout lu, compris, retenu. Tout se classait méthodiquement dans sa merveilleuse mémoire, comme dans des casiers bien étiquetés. Il n'y avait que lui capable de donner, avec très peu de préparation, sur l'une quelconque des connaissances humaines, soit un article, soit un cours pleins de faits savamment enchaînés et de notions exactes. Il l'a prouvé plus d'une fois. On l'a dit et le mot et juste : Il était une encyclopédie vivante. Plus qu'érudit de premier ordre, vrai savant, qui en quelques matières fut un maître, son nom a franchi les limites étroites de notre petit monde protestant et même de notre pays. Il avait conquis un rang honorable et honoré parmi les penseurs et les publicistes en vue de notre temps. Ce n'est ni ordinaire, ni facile pour qui travaille et vit retiré dans une petite ville de province. Par la puissance de son talent et l'incontestable valeur de ses travaux, Nicolas s'est imposé. Il a ainsi doublement servi son église, la science et la vérité.

Nimes. — Imprimerie F. Chastanier, rue Pradier, 12.

www.ingramcontent.com/pod-product-compliance
Ingram Content Group UK Ltd.
Pitfield, Milton Keynes, MK11 3LW, UK
UKHW021032180726
13838UKWH00004B/1746

9 782329 314822